# Cahier Activité HALLOWEEN pour Enfants de 3 à 6 Ans

# Amusez-Vous dans l'esprit sorcière avec les puzzles et les coloriages.

# Droits d'Ateur

CONTENU
MOTS MÊLÉS
PAGES DE COLORIAGES
LABYRINTHES
POINTS RELIER
Solutions

# Ce Livre appartient à

1

Mots mélés
sorcière

R Z X J Z H E I B K C D R H S
D Q I L E N G L U P P P U D O
M M M D Z S T K L P E W E T R
M V N I G M P S H I E P Z X C
C O N G T Y T N P E E N Y G I
R A B P N X I N I N L V R O È
Z P Q K I T O M B E M M J R R
S X Y N A Q C P Z H Z L C B E
R T A Z S V V G P I X D B B R
B V E K X A S N I S I O V W F
Z A G T M Z G W W W J L S X Y
E O L P E H G X V B H A D S E
F A I N H P I X T P E S G K D
C R U A X H X X V Y Z X H L A
E F L W I U I P X V D V R Q P

BOO!

| | | | | | | | | | |
|---|---|---|---|---|---|---|---|---|---|
| Y | T | F | H | W | Z | V | W | V | B |
| L | P | Q | D | O | I | S | X | A | G |
| T | C | L | N | F | R | U | R | P | I |
| C | Q | R | J | N | C | I | M | P | C |
| Y | Y | Y | M | S | E | L | D | R | E |
| Z | V | W | B | R | Û | L | É | E | S |
| U | N | I | H | F | C | Z | M | N | O |
| X | Q | T | C | C | F | F | O | T | R |
| K | X | C | G | W | W | N | N | I | T |
| H | C | H | U | C | H | O | T | E | N |

APPRENTIE     BRÛLÉES     CHUCHOTE

DÉMON     SORT     WITCH

Puzzle #2

```
G  U  C  O  C  V  W  Y  X  T
Y  F  I  F  C  Y  O  K  Q  T
K  I  V  H  T  D  H  O  U  A
N  P  L  Y  Y  V  V  K  F  H
P  O  U  D  L  A  R  D  I  G
V  B  S  I  L  E  N  C  E  T
V  C  H  A  R  M  E  D  Y  F
S  Z  T  B  B  H  R  W  P  A
C  T  C  L  A  S  S  E  N  Q
W  V  I  E  I  L  L  E  T  N
```

| | | |
|---|---|---|
| CHARMED | CLASSE | DIABLE |
| POUDLARD | SILENCE | VIEILLE |

Puzzle #3

| | | | | | | | | | |
|---|---|---|---|---|---|---|---|---|---|
| N | R | N | R | M | A | G | I | E | T |
| U | X | P | O | T | I | R | O | N | A |
| J | T | G | C | Y | B | Q | N | C | M |
| S | B | V | X | S | Z | N | O | H | B |
| E | B | R | M | A | T | T | D | A | O |
| E | H | Q | O | B | D | T | I | N | U |
| N | D | K | P | R | V | A | A | T | I |
| U | F | L | E | I | O | H | L | E | L |
| I | O | H | J | N | D | D | Y | U | L |
| L | B | A | V | A | M | P | I | R | E |

ENCHANTEUR      MAGIE      POTIRON

SABRINA      TAMBOUILLE      VAMPIRE

Puzzle #4

```
W  T  U  I  A  N  F  S  P  F
E  I  W  A  H  R  V  K  F  J
K  Z  S  R  W  W  V  K  P  R
S  Z  A  A  I  F  R  N  T  Y
R  Q  B  I  L  S  D  Y  R  C
V  F  B  B  L  O  E  U  I  L
I  R  A  M  O  U  R  E  U  X
P  R  T  M  W  R  T  S  W  U
X  R  U  Z  K  I  K  I  Z  X
Q  Q  Z  K  A  S  Y  B  O  R
```

| AMOUREUX | KIKI | OEUIL |
|---|---|---|
| SABBAT | SOURIS | WILLOW |

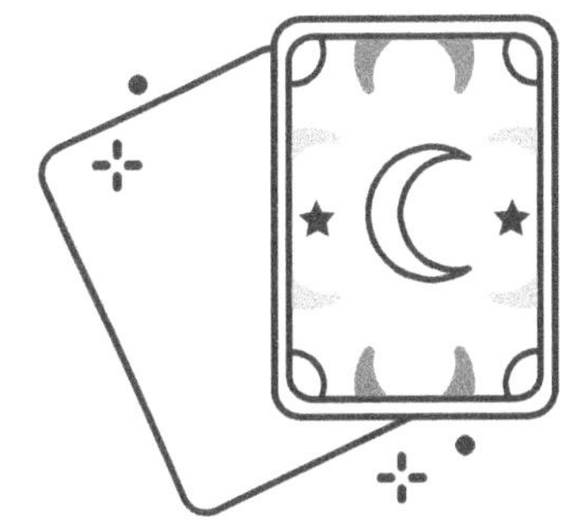

Puzzle #5

```
M  D  F  Y  D  S  I  A  B  O
W  L  U  N  P  E  V  C  H  T
M  O  L  S  O  V  R  M  N  C
Y  Z  C  P  T  O  R  F  F  M
D  D  F  P  I  W  I  C  C  A
O  V  F  U  O  I  S  E  A  U
F  T  P  D  N  N  N  K  Y  D
R  F  W  S  U  B  A  L  A  I
J  E  D  U  F  C  A  Z  B  T
I  I  M  S  I  B  Y  L  L  E
```

BALAI      MAUDITE      OISEAU
POTION      SIBYLLE      WICCA

Puzzle #6

| | | | | | | | | |
|---|---|---|---|---|---|---|---|---|
| I | W | E | F | W | V | W | J | T | L |
| I | M | A | R | Â | T | R | E | E | B |
| O | É | P | O | J | D | Q | G | J | U |
| A | C | H | A | T | L | M | I | T | X |
| Z | H | A | L | L | I | W | E | L | L |
| T | A | U | T | O | M | N | E | F | E |
| B | N | B | D | E | Z | G | I | X | O |
| O | T | A | R | T | E | U | X | S | T |
| R | E | H | E | P | B | L | Z | K | O |
| H | Y | W | H | Z | I | Y | I | B | A |

AUTOMNE  CHAT  HALLIWELL
MARÂTRE  MÉCHANTE  TARTE

Puzzle #7

X P M O N S T R E I
B M A G I Q U E Z Q
E I G J P O U A A G
G R I M O I R E D S
M Z C A I I R C I W
A P I S S F D R P K
W X E Q O J X T I H
Y L N U N X S W N Y
M V N E U E L X J U
C Q E P F B B O G G

GRIMOIRE    MAGICIENNE    MAGIQUE
MASQUE    MONSTRE    POISON

Puzzle #8

| | | | | | | | | | |
|---|---|---|---|---|---|---|---|---|---|
| Y | G | N | H | U | K | X | U | S | H |
| D | T | H | E | X | P | W | V | C | Z |
| I | R | C | W | M | M | K | O | O | E |
| X | S | P | B | C | D | W | Y | S | L |
| B | W | P | E | U | R | F | A | T | G |
| C | I | G | U | U | A | I | N | U | L |
| E | I | P | M | B | G | U | T | M | I |
| G | H | A | L | L | O | W | E | E | N |
| I | Z | V | L | M | N | M | L | X | D |
| S | J | Q | B | X | Z | I | X | F | A |

COSTUME   DRAGON   GLINDA

HALLOWEEN  PEUR    VOYANTE

Puzzle #9

| I | T | A | C | U | L | O | U | P | X |
|---|---|---|---|---|---|---|---|---|---|
| D | Z | K | E | B | O | U | G | I | E |
| C | I | N | Y | Û | U | B | C | O | E |
| F | E | N | A | C | P | N | R | R | F |
| T | F | P | D | H | P | D | R | A | F |
| E | L | F | G | E | G | U | F | C | H |
| E | N | O | G | R | A | R | P | L | H |
| F | X | K | S | I | R | È | N | E | R |
| Z | N | W | W | M | O | J | Z | F | Q |
| C | T | X | V | L | U | O | Q | O | X |

BOUGIE         BÛCHER         LOUP

LOUP GAROU      ORACLE        SIRÈNE

Puzzle #10

P Q I F A N T Ô M E E
Y L Q A K A S L A N
Y W J K I R I K O U
M T G B O N B O N L
D P J Q Q I O W Z D
V C X Z S A T A N N
I I U D F O M L Y X
W V H Q D W M K L W
M P A E W Y P B G M
A H T I M I H F U D

ASLAN          BONBON          FANTÔME
KIRIKOU        NARNIA          SATAN

Puzzle #11

| | | | | | | | | | |
|---|---|---|---|---|---|---|---|---|---|
| A | U | D | V | V | W | L | O | X | P |
| T | P | W | R | E | J | X | Z | C | O |
| U | C | G | C | R | O | F | V | C | M |
| K | B | I | R | R | T | X | E | X | M |
| M | C | H | A | U | S | S | U | R | E |
| E | H | U | P | E | R | B | C | A | J |
| O | A | Y | A | O | O | X | R | T | O |
| R | T | B | U | N | N | F | K | P | Q |
| Q | O | J | D | E | W | U | V | L | Z |
| Z | N | P | P | Z | O | F | O | B | S |

CHATON     CHAUSSURE     CRAPAUD
POMME     RAT     VERRUE NEZ

Puzzle #12

J O R T K O Y O T U
U H P U Y E Q D E G
H O R K R W Z P D U
I W I D O W O A A L
Q V N S M D Q X H K
W B C X B V F S R V
V V E R Z L F A X P
K Y S S F R J L V C
M Y S T É R I E U X
R I E F E T E M M B

FÉE      FETE      MYSTÉRIEUX
PRINCESSE      SALEM      WIDOW

| | | | | | | | | | |
|---|---|---|---|---|---|---|---|---|---|
| B | S | A | M | F | D | F | W | R | X |
| V | N | A | R | A | I | G | N | É | E |
| P | U | I | S | S | A | N | T | E | F |
| M | N | W | P | S | B | T | G | O | F |
| R | P | E | R | R | O | Q | U | E | T |
| V | Y | C | O | A | L | U | T | I | N |
| M | A | L | É | F | I | Q | U | E | K |
| Y | L | C | G | K | Q | Q | G | G | F |
| L | O | Z | I | G | U | P | Z | Y | P |
| Y | V | X | L | M | E | E | H | C | X |

ARAIGNÉE    DIABOLIQUE    LUTIN
MALÉFIQUE   PERROQUET     PUISSANTE

Puzzle #14

| | | | | | | | | | |
|---|---|---|---|---|---|---|---|---|---|
| V | H | Z | U | M | B | T | M | V | G |
| N | Y | M | O | N | S | T | R | E | S |
| A | Y | P | J | S | G | R | R | R | D |
| R | X | I | R | E | N | E | P | R | A |
| P | L | D | U | Z | S | S | O | U | Z |
| D | S | Q | M | O | S | Q | U | E | A |
| B | D | K | A | O | O | O | V | O | Z |
| I | U | U | G | Z | R | K | O | U | U |
| G | P | S | E | B | P | I | I | D | A |
| S | X | C | H | A | U | D | R | O | N |

CHAUDRON  MAGE  MONSTRES
MOSQUE  POUVOIR  VERRUE

Puzzle #15

X Q U F L I E U V R
I C H A S S E C A B
G H O T P I E N K E
P A V B S L C O H M
N T K T P M Y T N M
S E N S O R C E L É
P A E X G L Y U L G
G U Z Q R B C Z G È
Z C M G E B B A M R
Q X C H T G A R Z E

CHASSE          CHATEAU         ENSORCELÉ
MÉGÈRE           NEZ             OGRE

2
Pages de
Coloriage
plus sombre plus de bonbons
HAHAHA )
Boooo

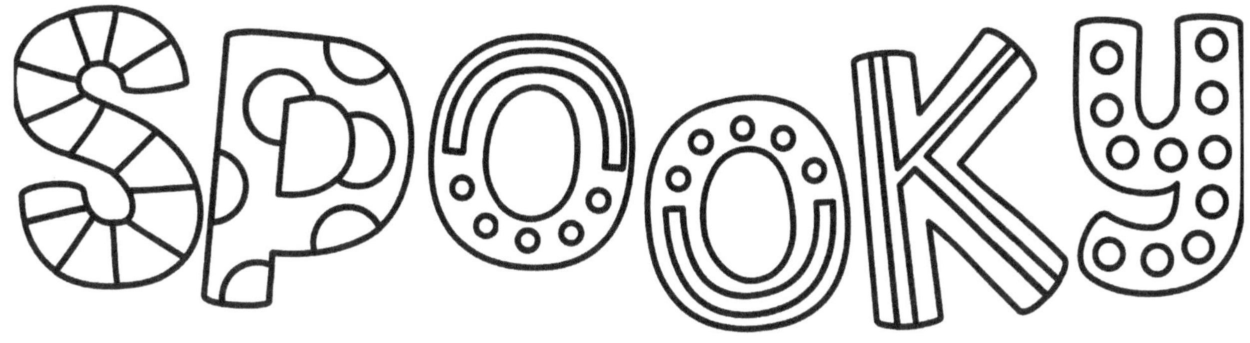
spooky

HAPPY
HALLOWEEN

CREEPY!

EYE
OF
NEWT

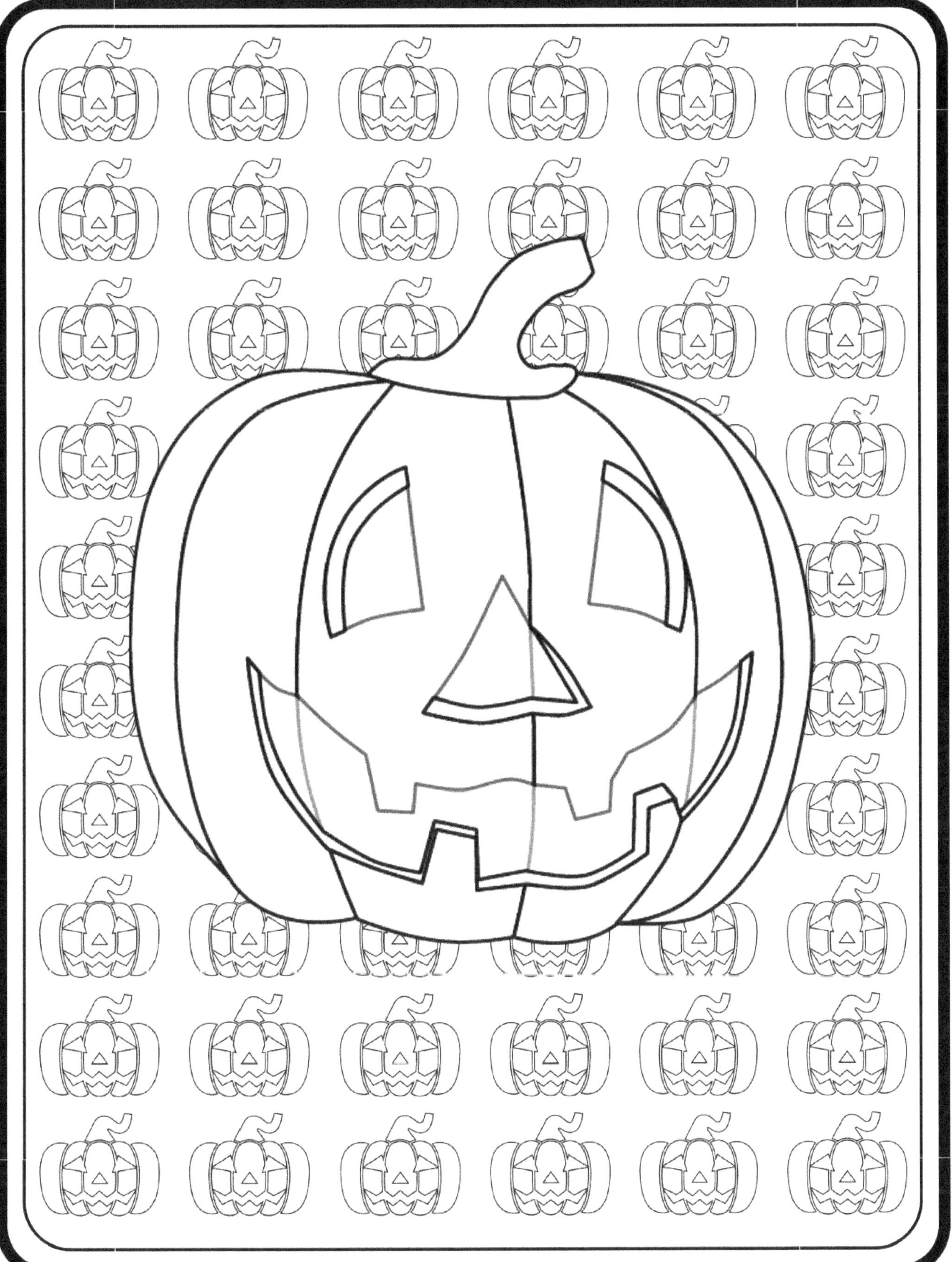

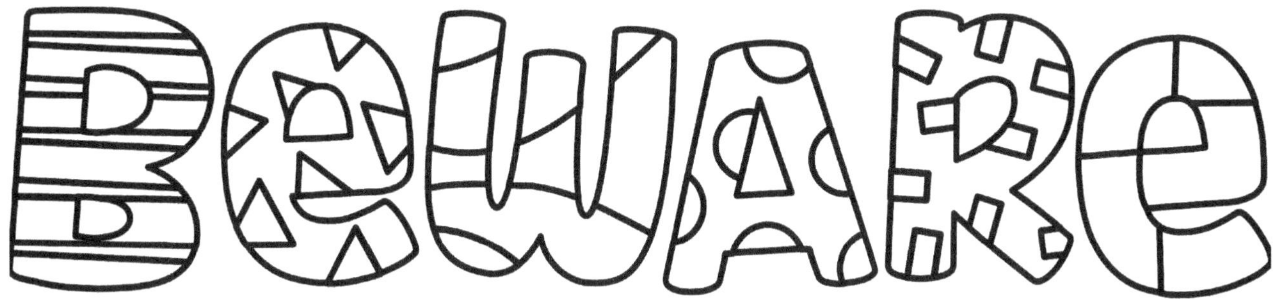
BEWARE

3
labyrinthes
je suis perdu

Aide la sorcière à trouver son chemin afin qu'elle puisse préparer un pot de tisane ...
Maze #0

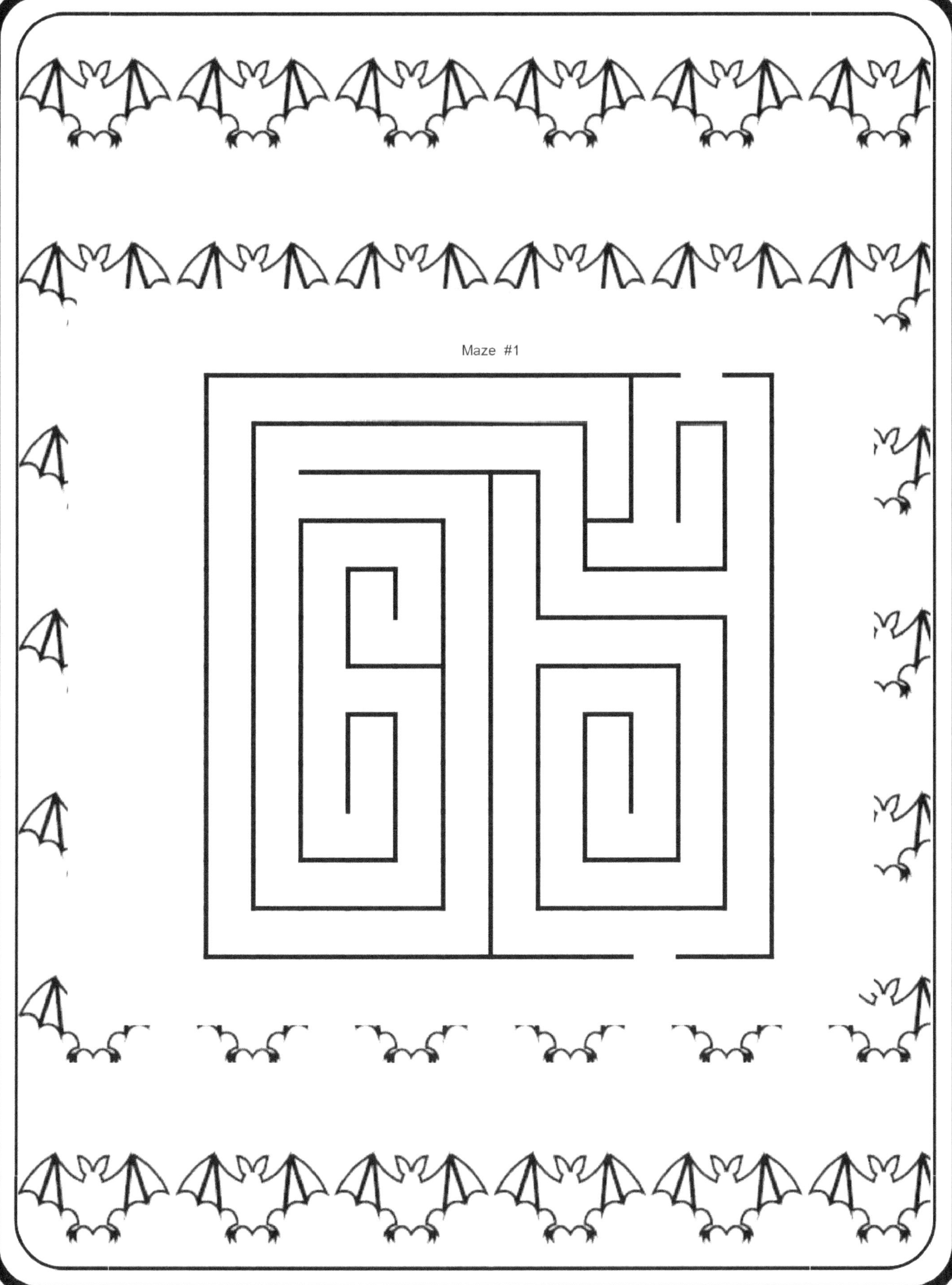

Maze  #1

Maze  #2

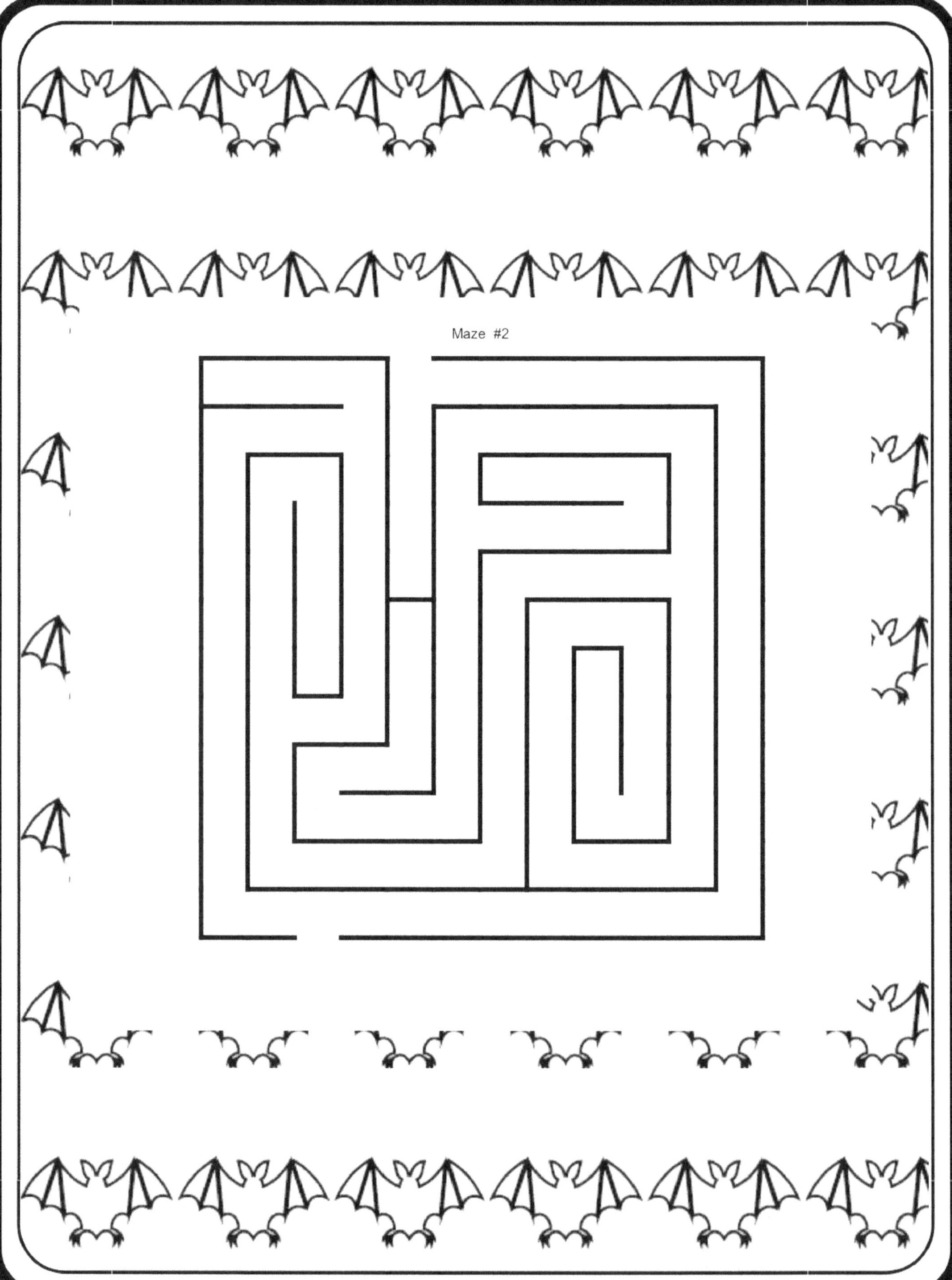

Aide la sorcière à trouver son chemin vers le secret flacon...
Maze #3
eye of NEWT

Maze  #4

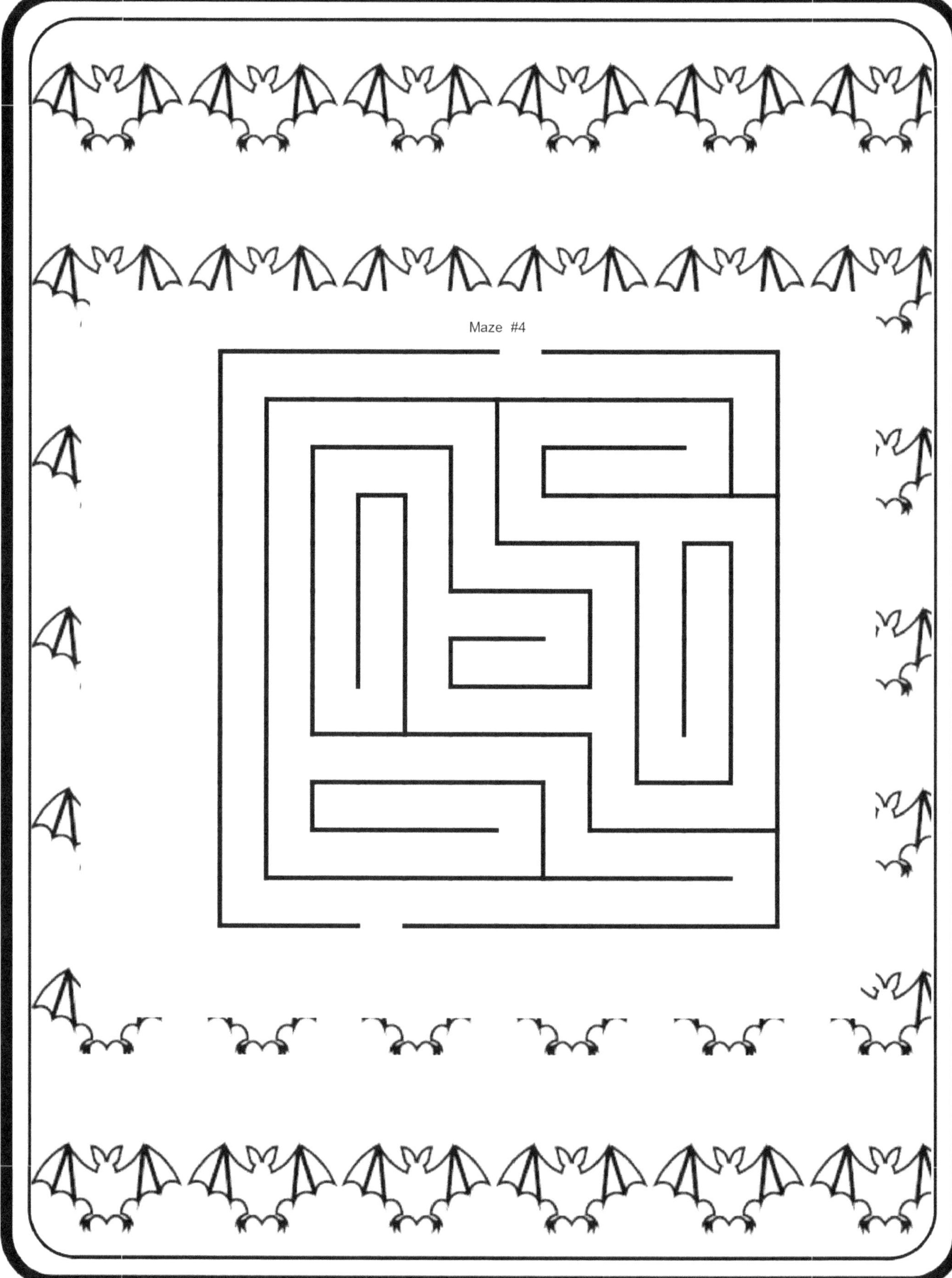

Aide la sorcière à trouver son chemin vers son chapeau magique ...
Maze #5

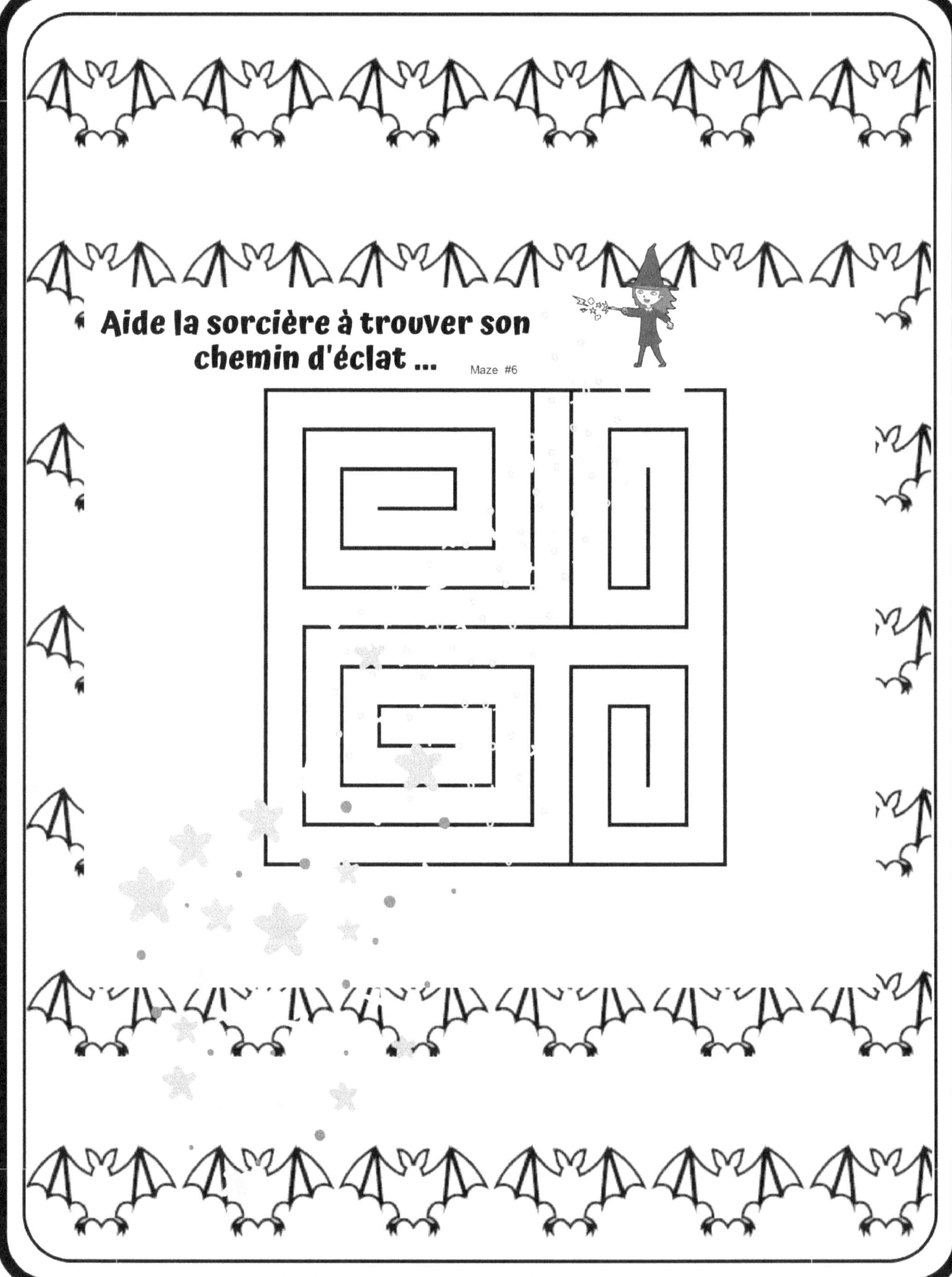

Aide la sorcière à trouver son
chemin d'éclat ...
Maze #6

Maze #7

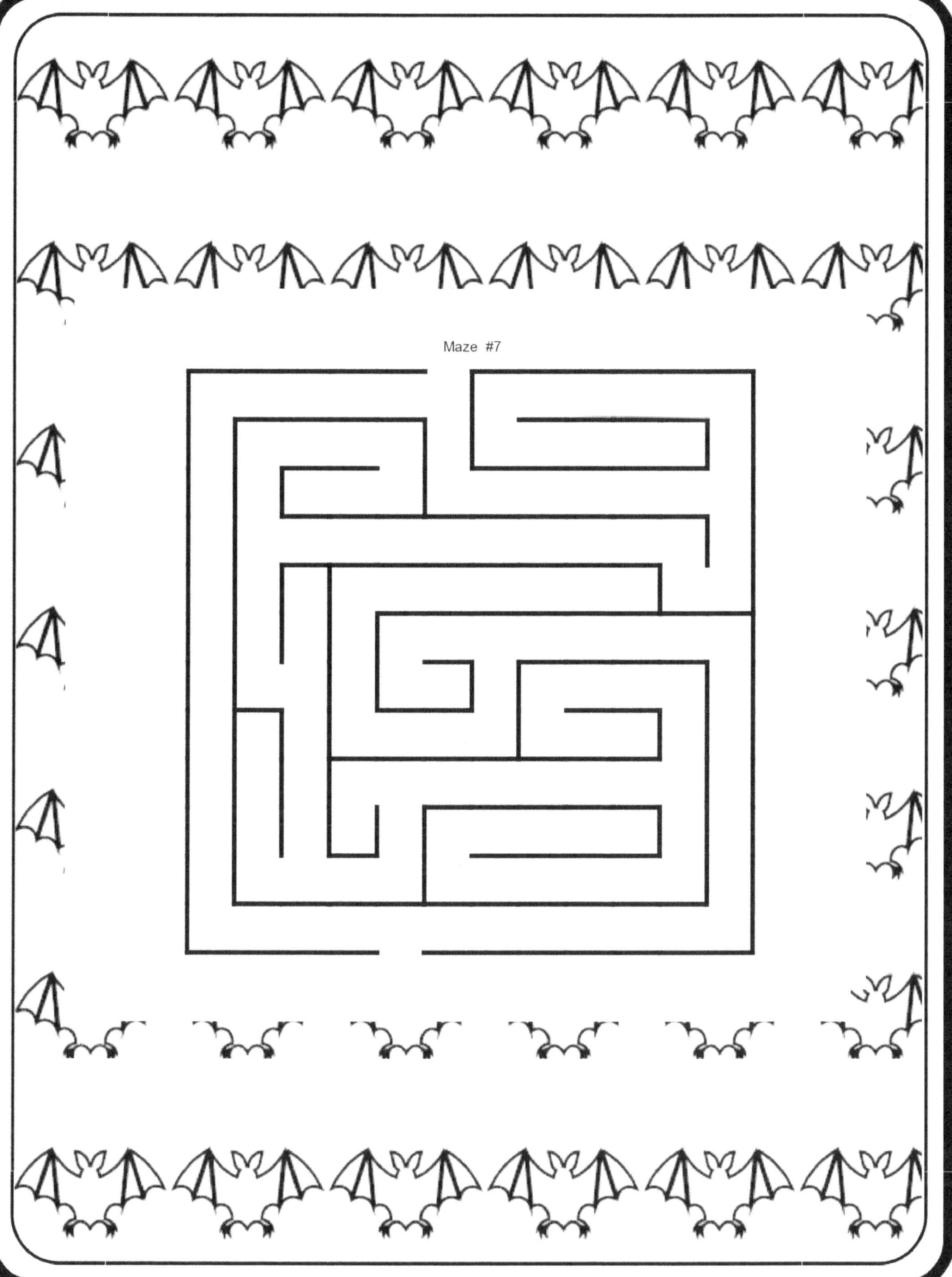

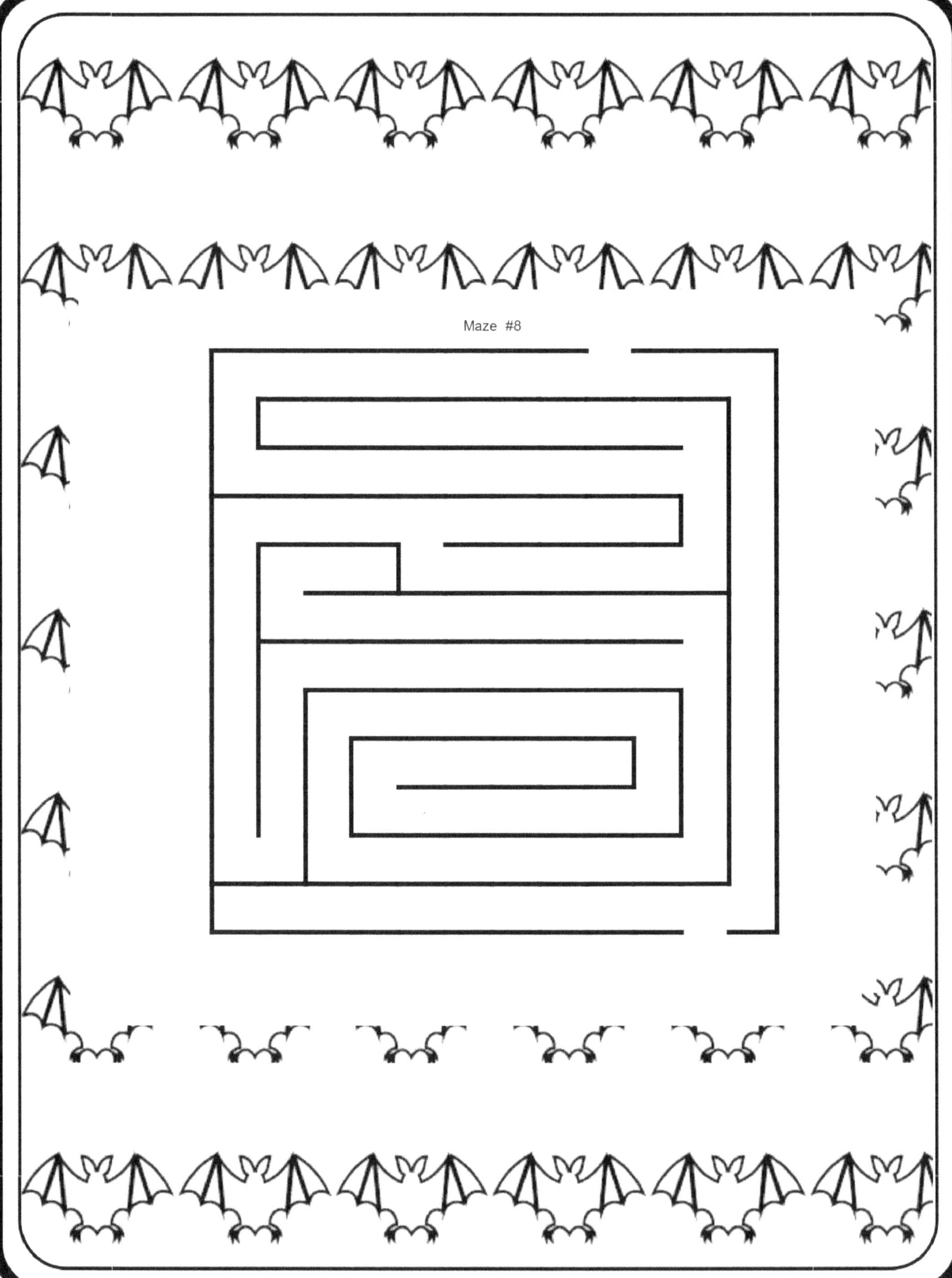

Maze #8

Maze #9

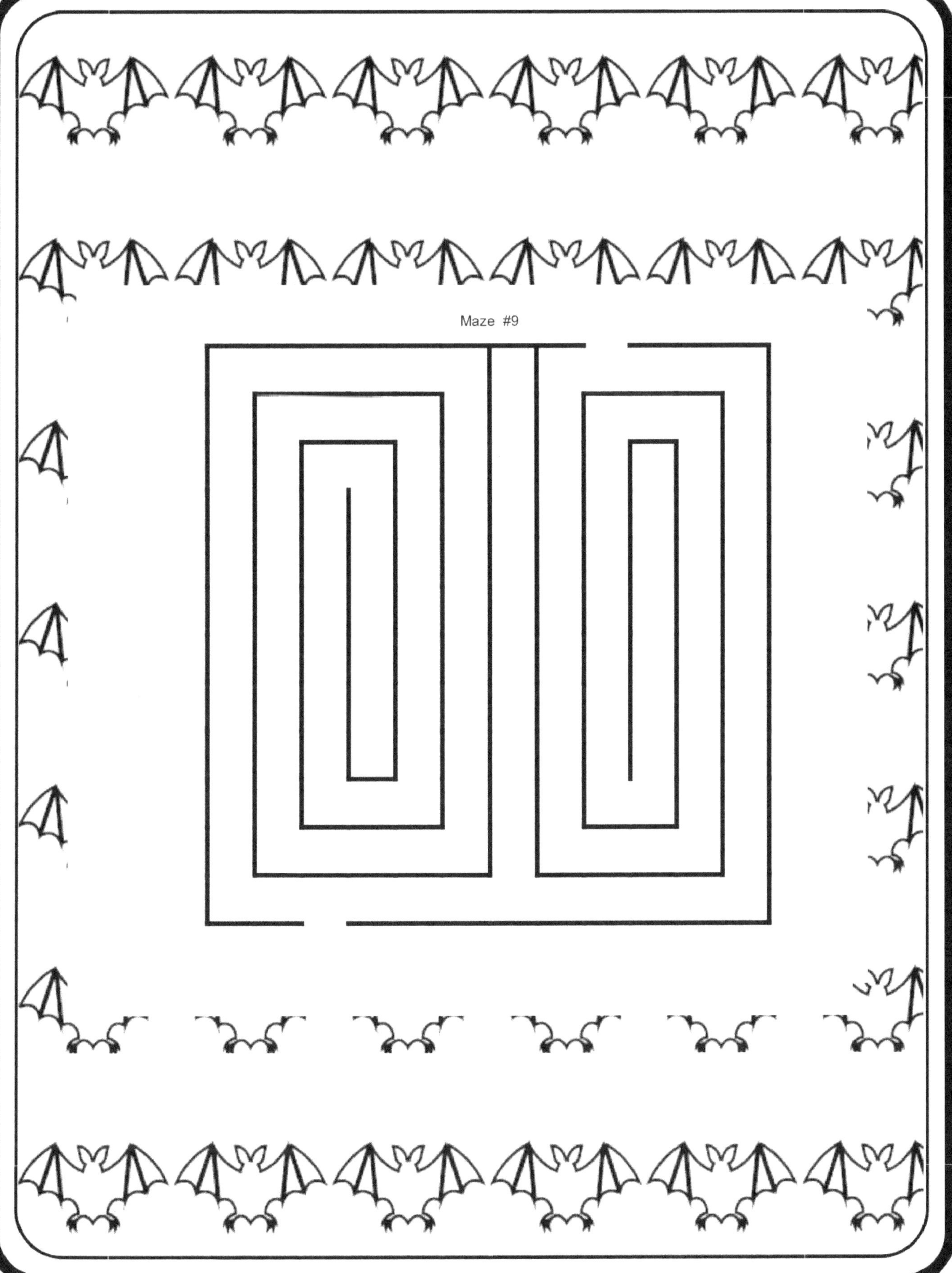

Maze  #10

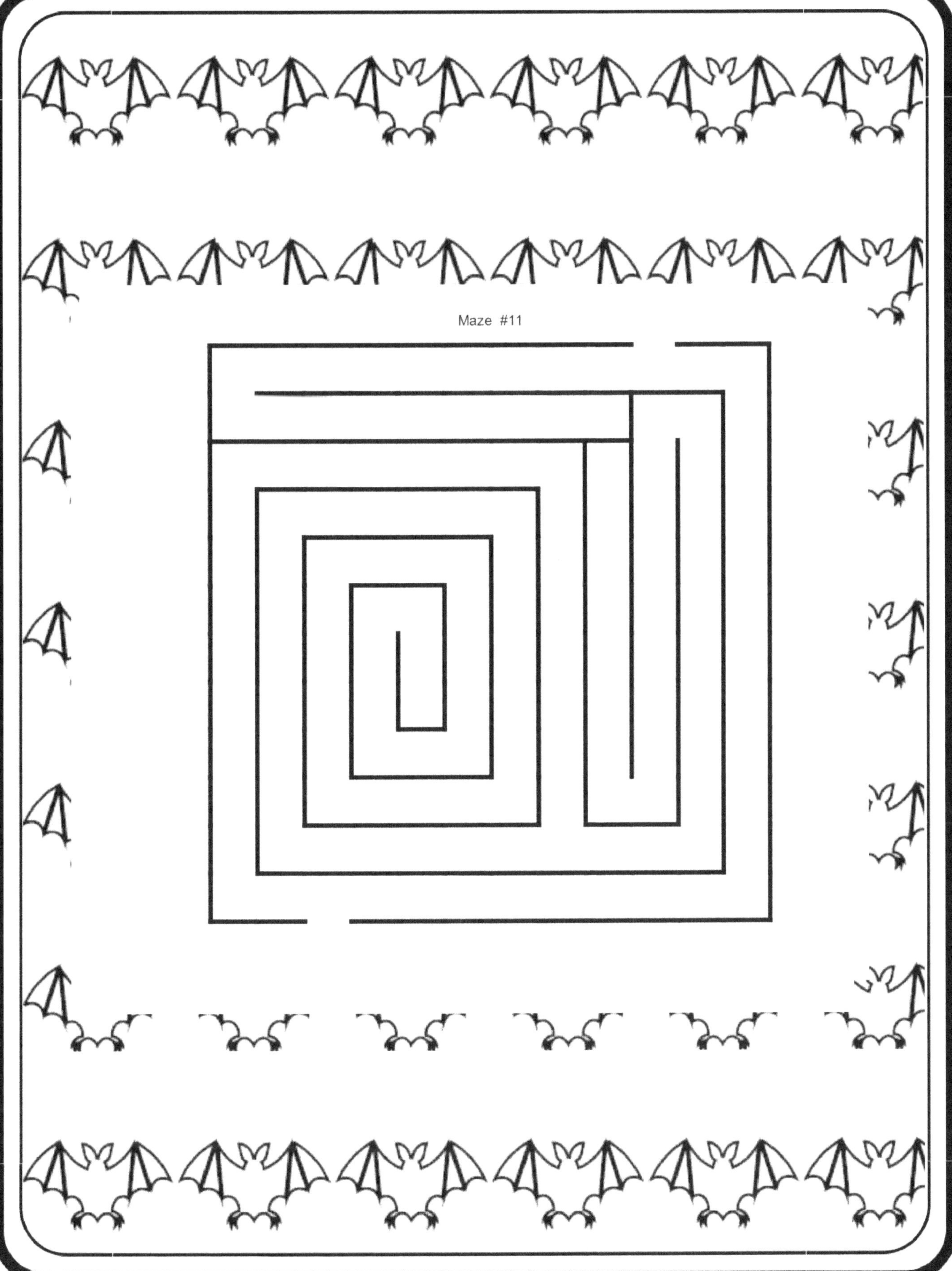

Maze  #11

Maze #12

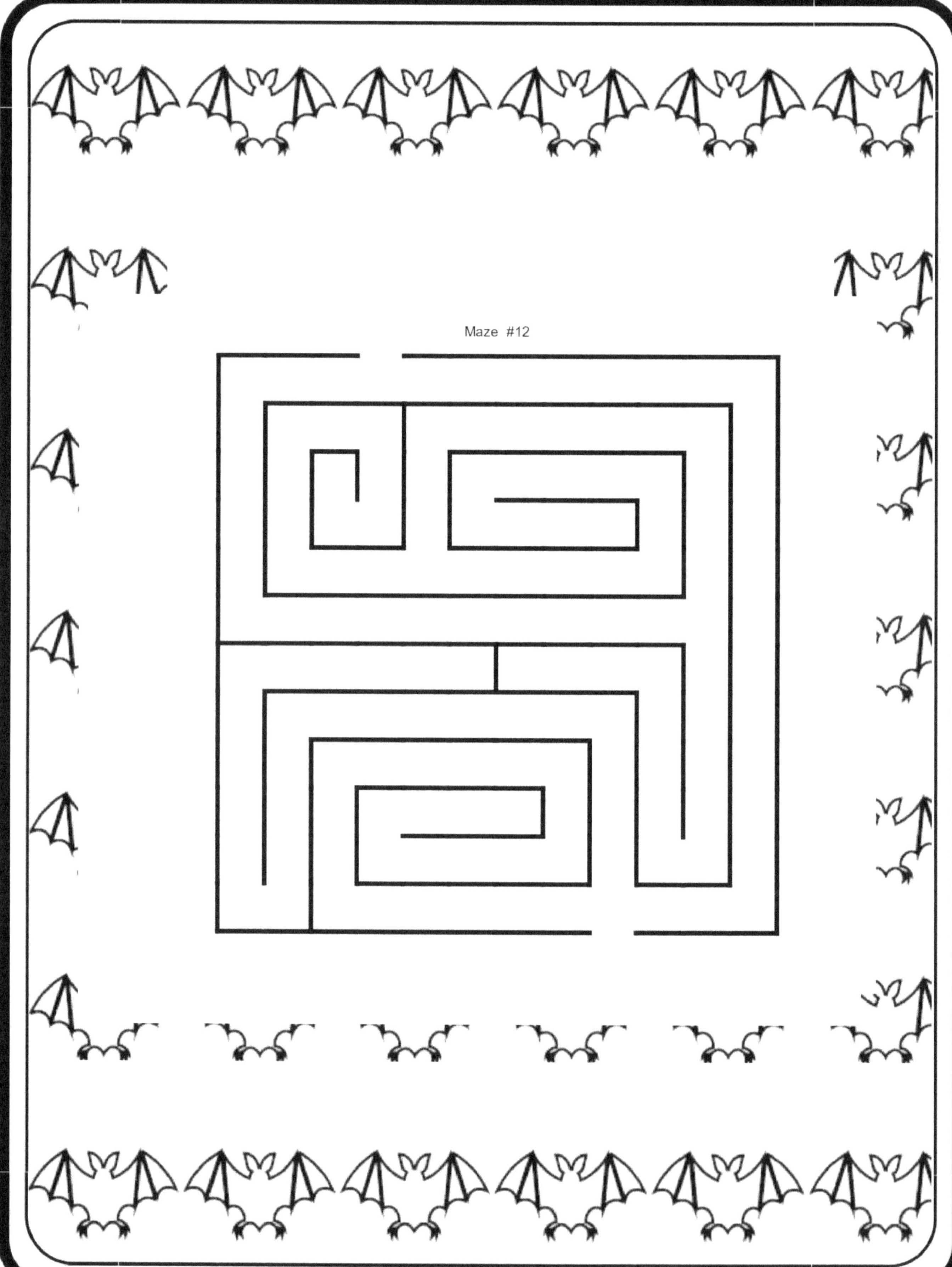

Maze  #13

Aide le chat de la sorcière à retrouver son chemin ...
Maze #14

4
Points Relier
je suis déguisé
trouve ma forme de
chat sorcière..

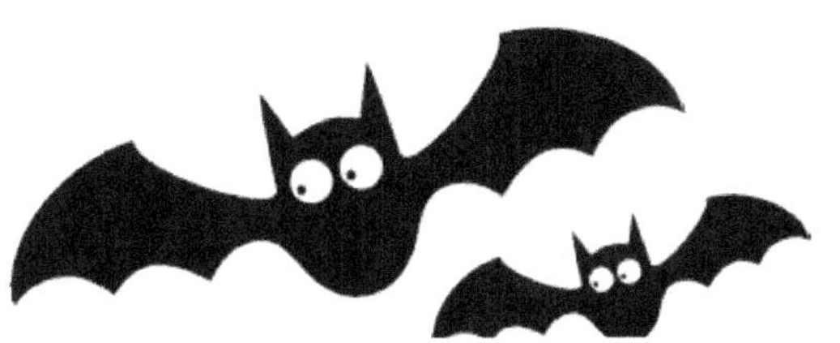

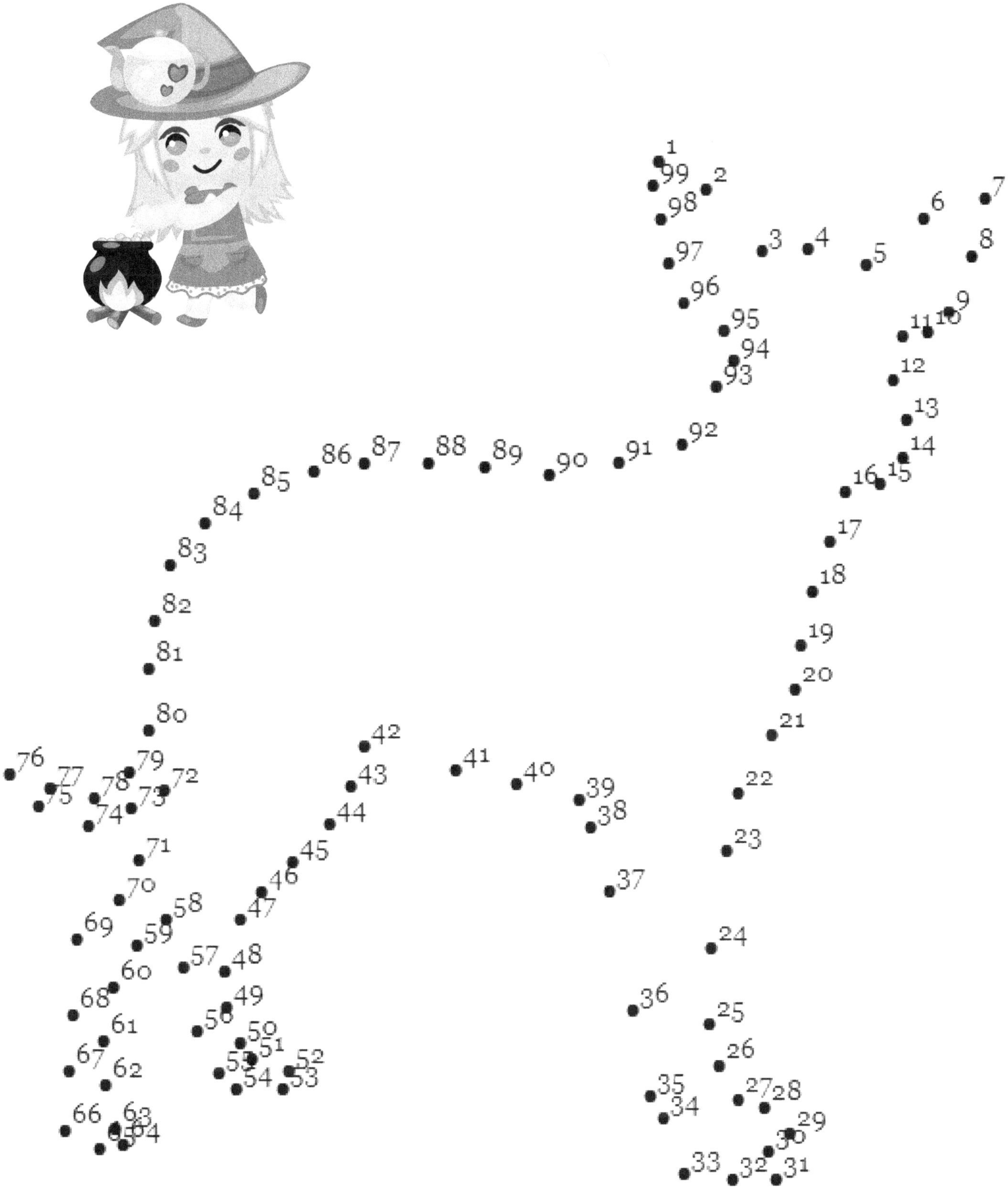
1
2
3
4
5
6
7
8
9
10
11
12
13
14
15
16
17
18
19
20
21
22
23
24
25
26
27
28
29
30
31
32
33
34
35
36
37
38
39
40
41
42
43
44
45
46
47
48
49
50
51
52
53
54
55
56
57
58
59
60
61
62
63
64
65
66
67
68
69
70
71
72
73
74
75
76
77
78
79
80
81
82
83
84
85
86
87
88
89
90
91
92
93
94
95
96
97
98
99

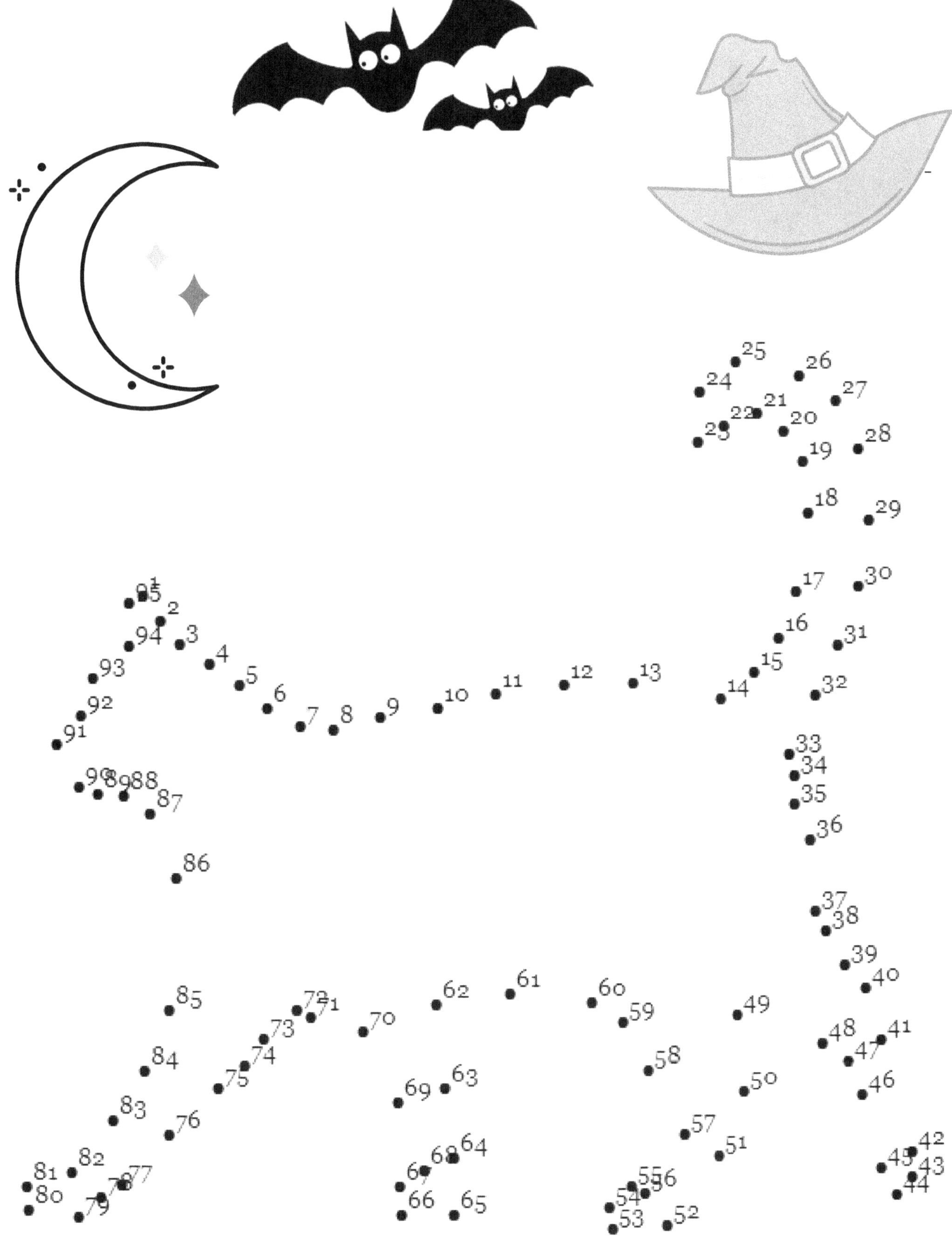

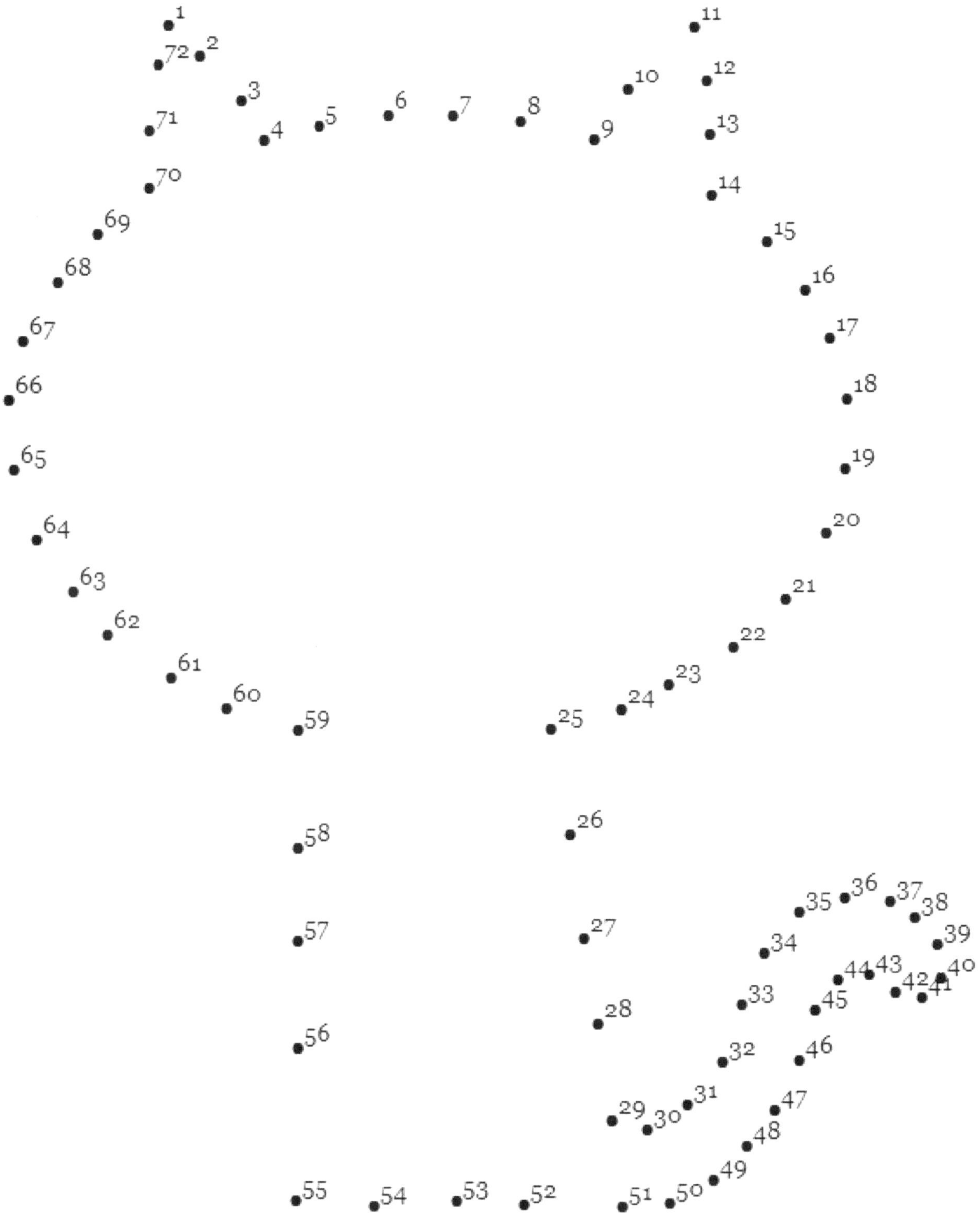
1 2 3 4 5 6 7 8 9 10 11 12 13 14 15 16 17 18 19 20 21 22 23 24 25 26 27 28 29 30 31 32 33 34 35 36 37 38 39 40 41 42 43 44 45 46 47 48 49 50 51 52 53 54 55 56 57 58 59 60 61 62 63 64 65 66 67 68 69 70 71 72

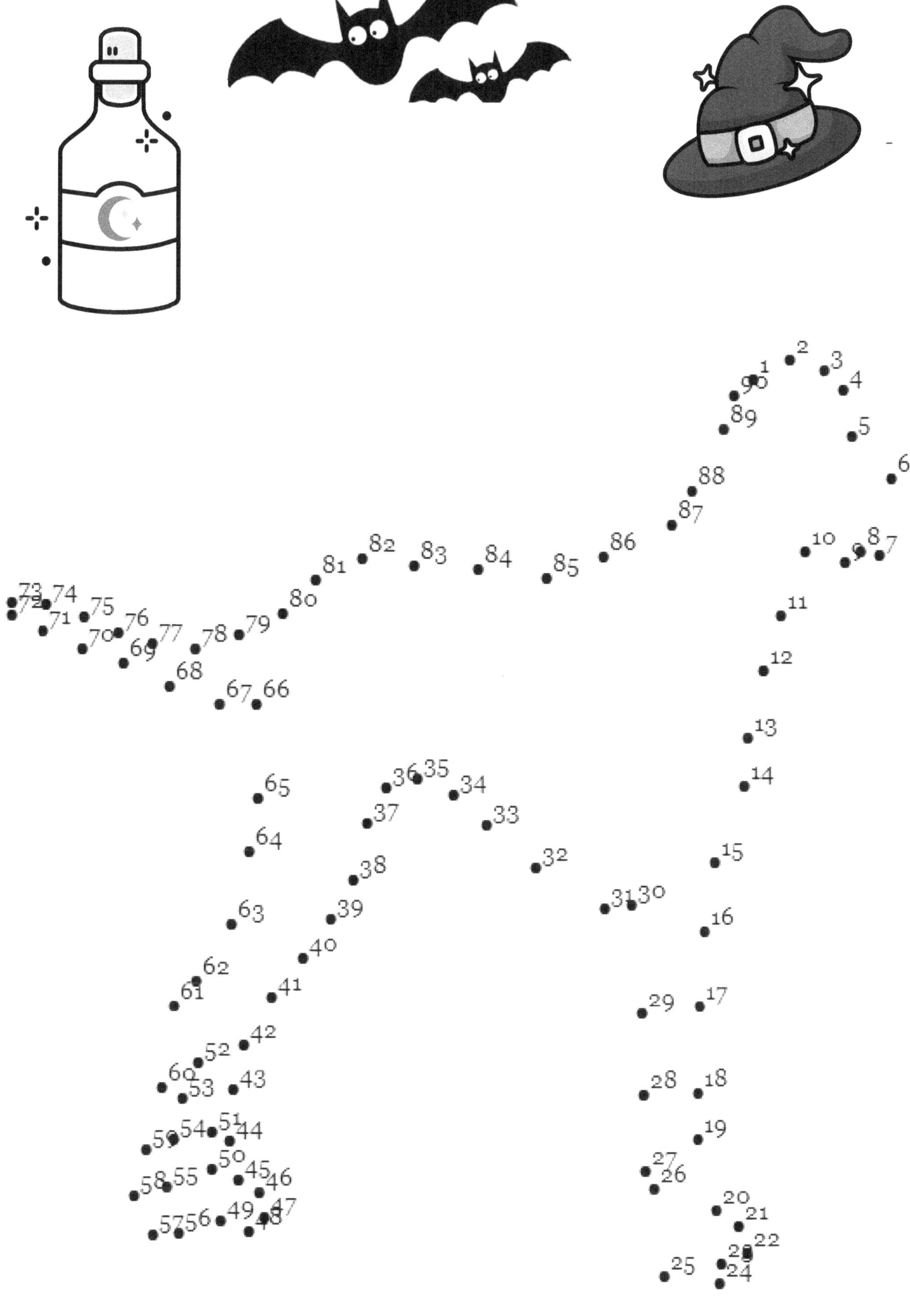

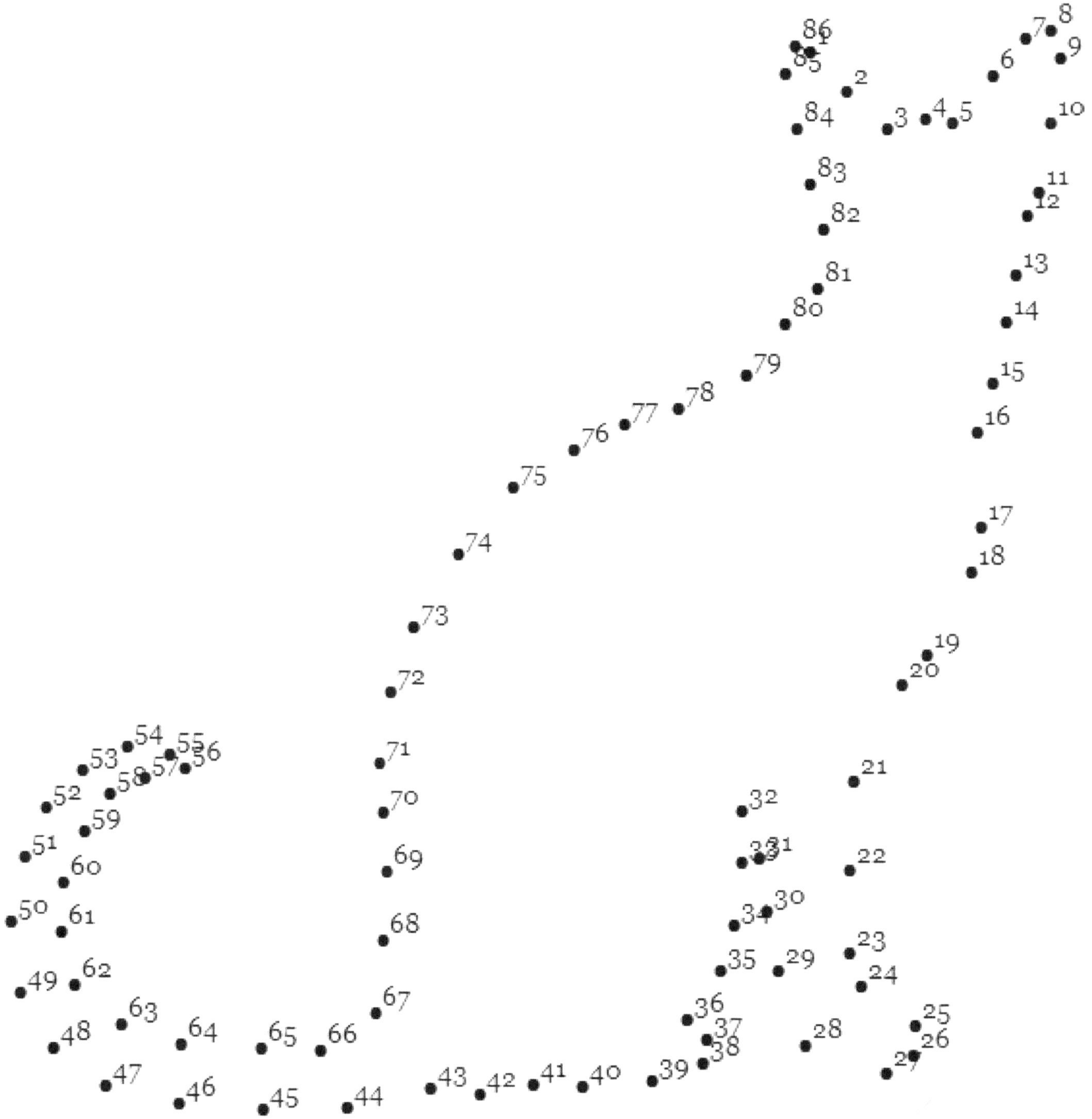

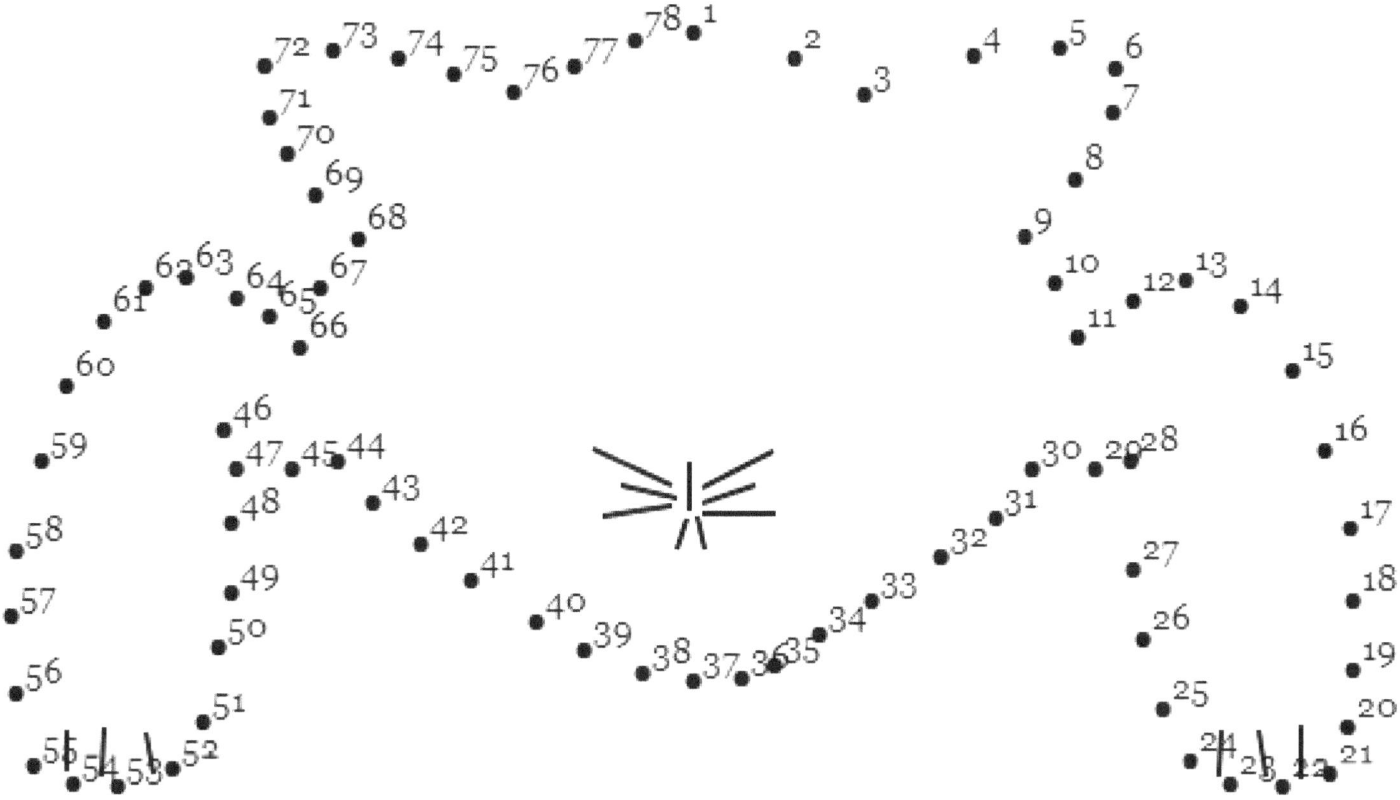

Solutions
parce que tu est un
tout petit peu
gentille...

1
Mots Mélés

Puzzle #1

Puzzle #2

Puzzle #3

Puzzle #3

M A G I E T
P O T I R O N A
C M
S H B
A A O
B N U
R T I
I E L
N U L
V A M P I R E

Puzzle #4

S W
A I
B L S
B L O E U I L
A M O U R E U X
T W R
K I K I
S

Puzzle #5

Puzzle #6

## Puzzle #7

## Puzzle #8

Puzzle #9

Puzzle #10

Puzzle #11

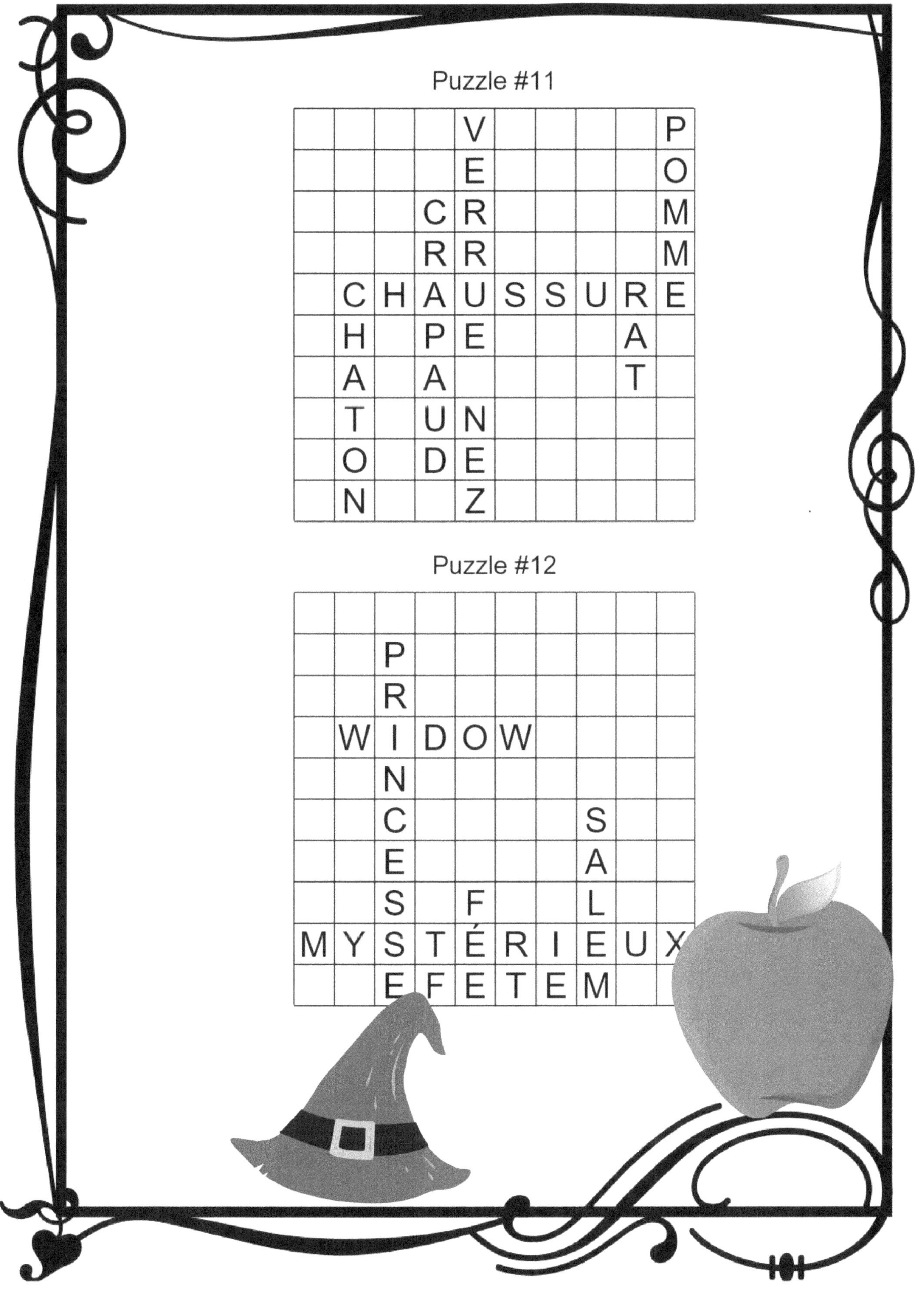

Puzzle #12

Puzzle #13

```
          D
      A R A I G N É E
  P U I S S A N T E
          B
      P E R R O Q U E T
          L U T I N
  M A L É F I Q U E
          I   E
          Q
          U
          E
```

Puzzle #14

```
              V
      M O N S T R E S
              R
          P R
          O U
      M O S Q U E
      A     V
      G     O
      E     I
      C H A U D R O N
```

Puzzle #15
CHASSE
CHATEAUX
ENSORCELÉ
NEZ
OGRE
MÉGÈRE

POTION
3
POTION
Labyrinthes
SOLUTIONS

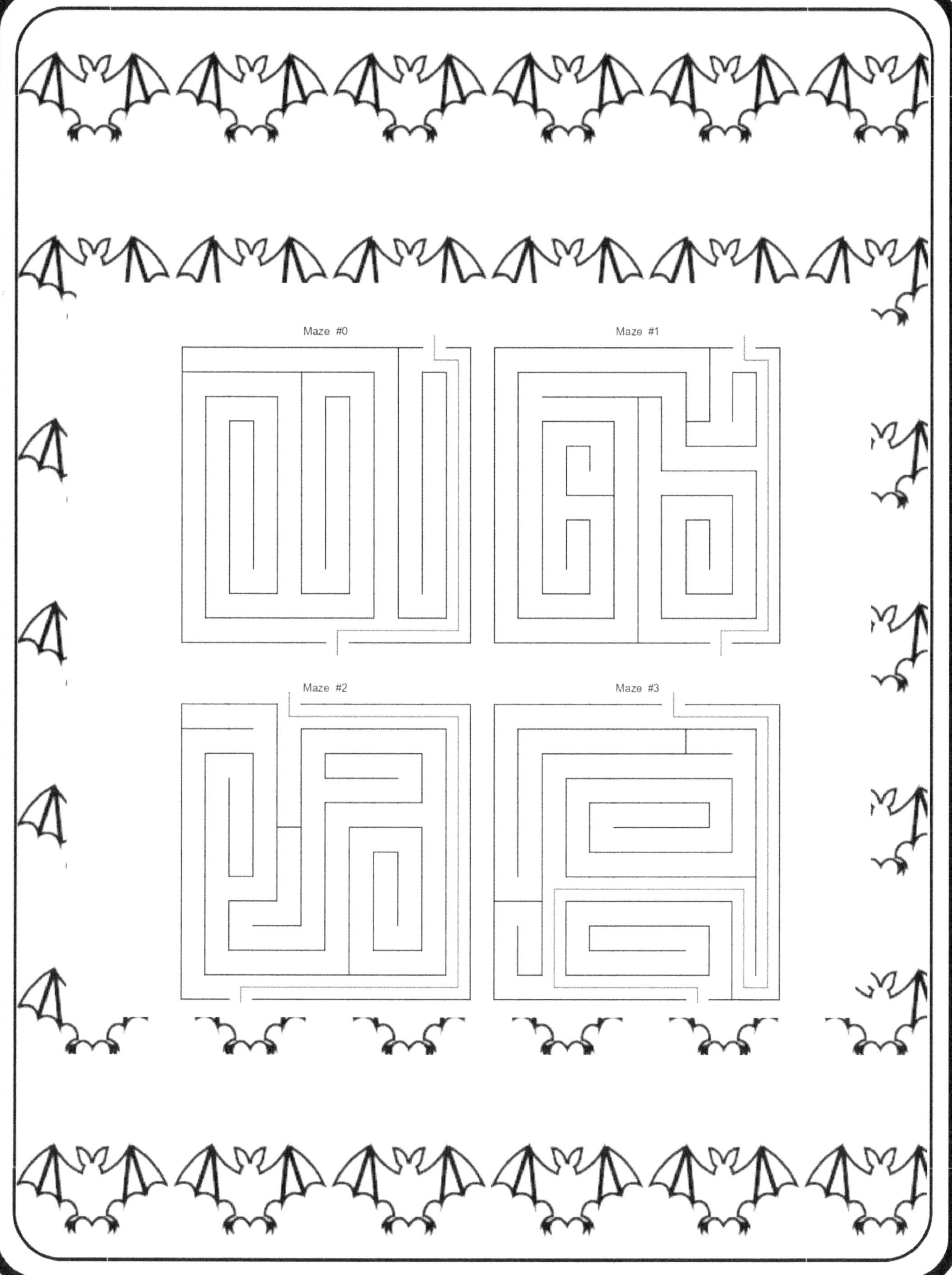

Maze #0
Maze #1
Maze #2
Maze #3

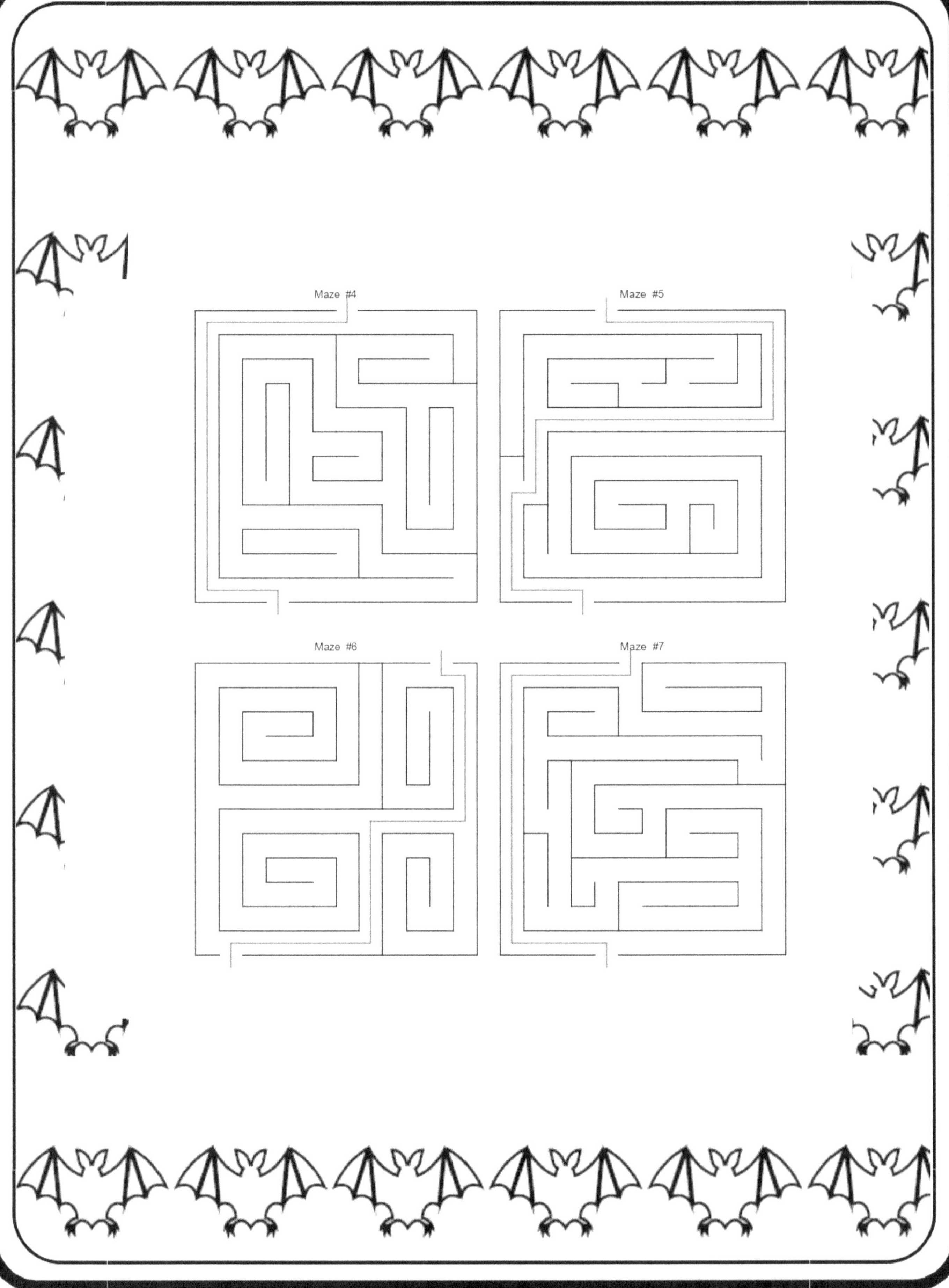
Maze #4
Maze #5
Maze #6
Maze #7

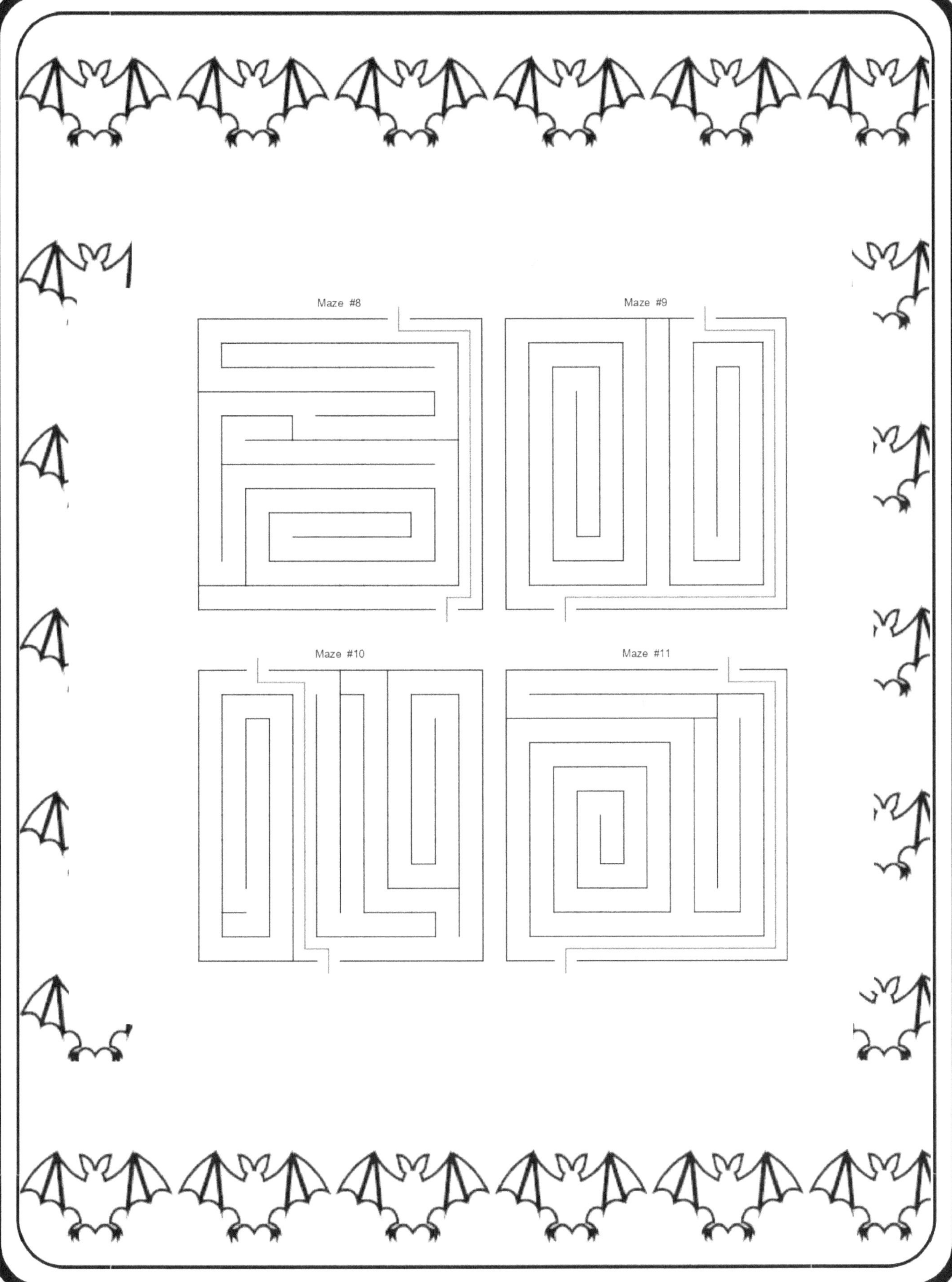

Maze #8
Maze #9
Maze #10
Maze #11

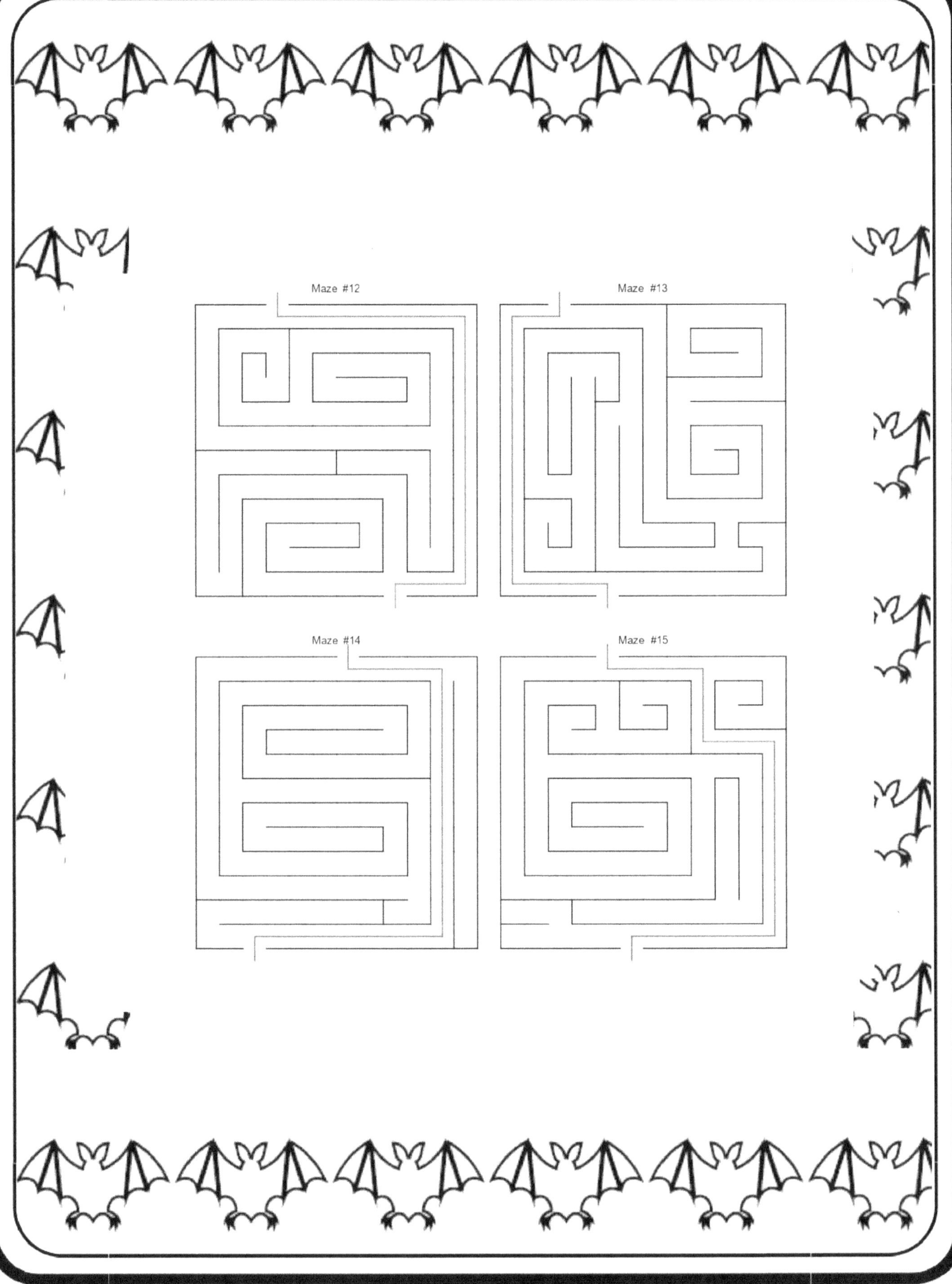
Maze #12
Maze #13
Maze #14
Maze #15

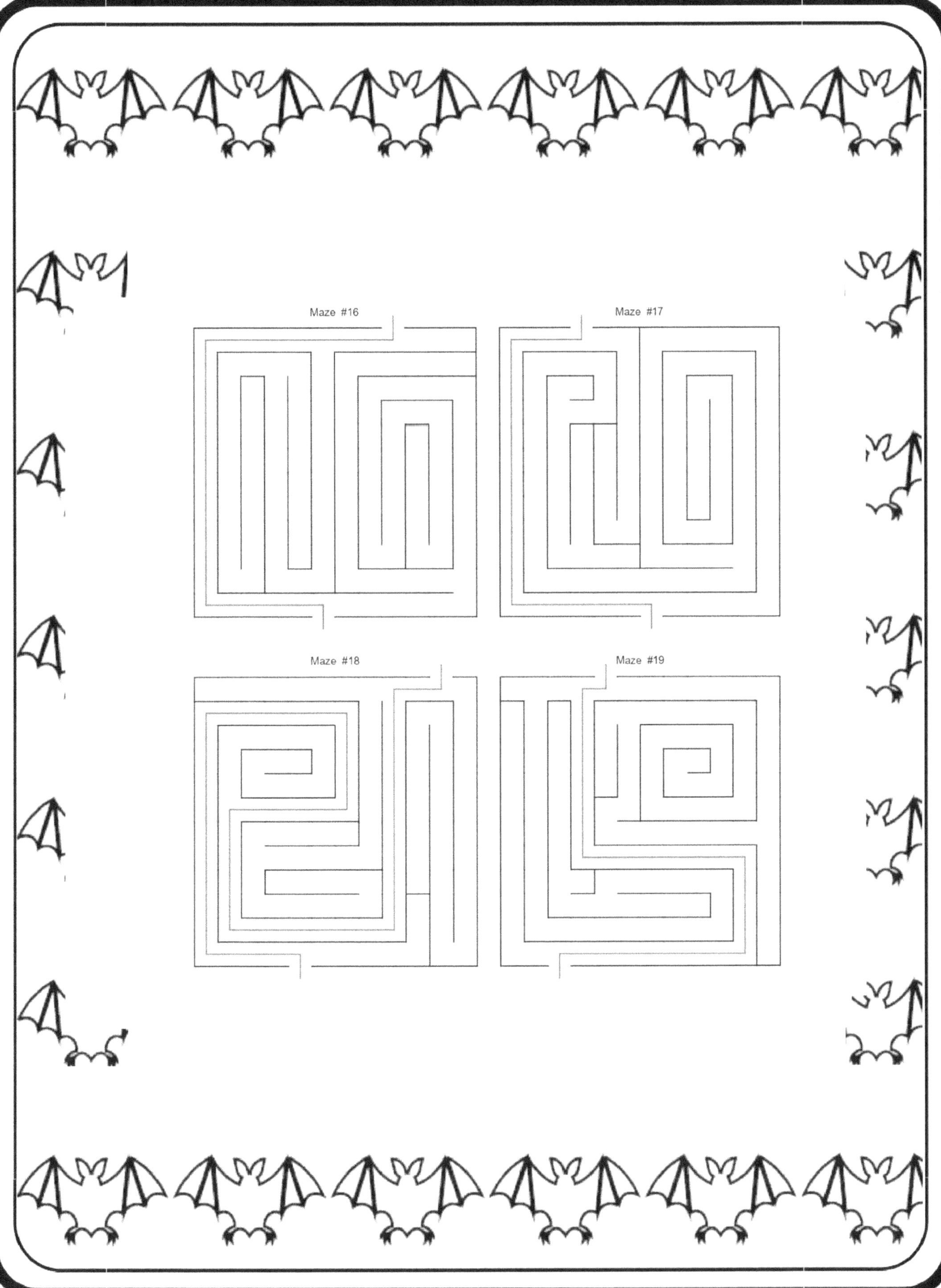

Maze #16
Maze #17
Maze #18
Maze #19

BONUS
Aide la petite sorcière à trouver sa mère sorcière
Aide la sorcière de se transformer en vrai sorcière!

RIP

# la fin

www.ingramcontent.com/pod-product-compliance
Lightning Source LLC
Chambersburg PA
CBHW060110120726
48001CB00013B/2679